L'ENSEIGNEMENT

PAR

L'EXEMPLE.

Paris. — Typographie de Firmin Didot Frères, rue Jacob, 56.

L'ENSEIGNEMENT

PAR

L'EXEMPLE.

PARIS,

A. MARCILLY, LIBRAIRE,

RUE SAINT-JACQUES, 10.

1851

Les Enfants De Troupe.

ÉPISODE DE LA GUERRE D'ÉGYPTE,

TIRÉ DE L'OUVRAGE DE M. MACAIRE.

PERSONNAGES.

Le Colonel D.....

LAGRENADE, vieux soldat.

VICTOIRE, } enfants de Lagrenade, et âgés de 13
TAPIN, } à 14 ans.

FIFI LECOQ, fifre d'un régiment, âgé de 17 ans.

Les enfants de troupe *(Scène VII)*

Les Enfants De Troupe.

ÉPISODE DE LA GUERRE D'ÉGYPTE.

Le théâtre représente une chambre de l'appartement où est logé le colonel D.... Au lever du rideau, Fifi Lecoq est occupé à brosser un habit.

SCÈNE PREMIÈRE.

FIFI LÉCOQ, seul.

Faut convenir que j'ai bien fait de suivre le conseil que m'a donné défunt mon pauvre père ! Depuis un an qu'j'ai quitté la Normandie ousque j'restais seul, et que je m'suis enrôlé dans l'armée, j'suis l'plus heureux des enfants de troupe. C'est vrai ! j'viens en Égypte ousque j'nous battons comme des enragés, la victoire est à nous ; malheureusement j'perds mon père, un brave soldat qui servait la France depuis dix ans ; l'colonel me prend à son service, me donne un fifre pour passer

mon temps à conduire nos guerriers à la bataille, et me v'là sans le vouloir sur l'chemin
qui mène aux Invalides!... c'est t'y ça avoir du
bonheur?... J'nai pourtant que dix-sept ans!...
Aussi, mon colonel peut dire si je m'conduis
bien ; du matin au soir à ses ordres, et tout prêt
à m'faire tuer à son service !... Il est vrai que
dans c'pays-ci gn'y a plus grand danger à cou-
rir, puisque nous y sommes en paix, et gn'y a
à craindre que la peste ou les *cocodriles!* Tiens,
en parlant d'ça, vlà mon colonel !..

SCÈNE II.

LE COLONEL, FIFI.

LE COLONEL.

Eh bien, mon garçon, toujours au travail ?

FIFI.

Pour vous êtes-zagréable, mon colonel.

LE COLONEL.

Je sais que tu es un jeune homme laborieux,
complaisant...

FIFI.

Ah dam! mon colonel, vous êtes si bon
pour moi !

LE COLONEL.

C'est que j'aime beaucoup les enfants de nos braves soldats.

FIFI.

J'sais qu'il n'y a pas que moi que vous chérissez comme ça, car Victoire et Tapin, les enfants du père Lagrenade, sont aussi vos petits protégés.

LE COLONEL.

Et ils le méritent bien...

FIFI.

C'est vrai ça... y sont gentils comme tout... et puis ils sont si jeunes, que s'ils n'avaient pas queuque-zun pour les guider...

LE COLONEL.

Tu raisonnes comme un homme.

FIFI.

Dam, mon colonel, savez-vous que j'ai dix-sept ans?...

LE COLONEL.

Et tu seras bientôt soldat?

FIFI.

Avec le temps ça pourra se faire...

LE COLONEL.

En attendant tu vas aller jusqu'au quartier,

tu feras remettre cette lettre au général, et tu reviendras le plus tôt possible ; aie soin surtout que ce paquet lui parvienne de suite.

FIFI.

Avec une adresse aussi grande que celle-là, vous auriez bien du malheur et moi aussi si ça n'arrivait pas , mon colonel!...

LE COLONEL , riant.

Allons, va...

FIFI.

J'y cours, mon colonel!...

(Fifi sort).

SCÈNE III.

LE COLONEL , seul.

C'est un brave garçon!.. un peu niais à la vérité, mais bon serviteur, et j'espère qu'avec le temps nous en ferons un bon soldat !... (On entend fredonner un air.) Ah , ah , voici ma petite Victoire!...

SCÈNE IV.

LE COLONEL, VICTOIRE.

LE COLONEL.

Eh bien, mon enfant! tu es donc toujours
gaie?...

VICTOIRE.

Toujours, mon colonel, et cependant j'ai
beaucoup d'inquiétude.

LE COLONEL.

Et pourquoi donc, chère petite?

VICTOIRE.

Mon frère et moi nous ne recevons aucunes
nouvelles de notre père! Il est à Jaffa, vous le
savez, et on dit que les trois quarts de la gar-
nison ont déja succombé au terrible fléau de
la peste.

LE COLONEL.

Il est vrai!...

VICTOIRE.

C'est ce qui cause mon chagrin! j'ai beau
chanter pour me distraire, l'idée de mon père
mort revient sans cesse à mon esprit.

LE COLONEL.

Allons, mon enfant, il ne faut pas perdre espoir! Le brave Lagrenade a déja échappé à tant de dangers, que celui-là passera sur lui comme les autres.

VICTOIRE.

Vous me donnez un peu de courage, mon colonel.

LE COLONEL.

Et puis, si ce malheur venait à arriver, ton frère et toi vous trouveriez toujours en moi un second père.

VICTOIRE.

Oh! ce ne serait pas la même chose.

LE COLONEL.

J'en conviens! cependant je te répète ici que je n'oublierai jamais que Lagrenade m'a sauvé la vie, et si ses enfants le perdent un jour, c'est à eux qu'appartiendra tout ce que je possède.

VICTOIRE.

Vous êtes si bon!

LE COLONEL.

C'est une dette que j'acquitterai! D'ailleurs l'armée va bientôt retourner en France; eh bien, je vous placerai dans une pension, j'aurai soin de votre éducation et je vous ferai quitter le régiment.

VICTOIRE , avec feu.

Je n'ai que quatorze ans, mon colonel, mais j'vous dirai avec franchise que j'suis née dans l'militaire et je veux y rester. Si vous saviez quel plaisir j'éprouve après une bataille, à faire rafraîchir les braves qui viennent de combattre. Soulager un soldat blessé, oh, ça porte bonheur !

LE COLONEL.

Bien, très-bien, mon enfant ; j'aime à te voir de tels sentiments, cela prouve en ta faveur et m'annonce une belle ame.

VICTOIRE.

Oh pour cela !...

LE COLONEL.

Mais enfin, que ferez-vous à l'armée, si jeunes et sans votre père?

VICTOIRE.

Est-ce que la fille du vieux Lagrenade n'est pas celle du régiment? ce titre en vaut bien un autre, il m'assure un père dans chaque soldat; et puis tenez, je sens là que je ne suis pas faite pour un autre état que le mien...

LE COLONEL.

Eh bien, mon enfant, je n'insiste pas. D'ailleurs il faut espérer que votre père vit encore, et que le ciel vous le conservera long-temps.

VICTOIRE.

Je mets en lui tout mon espoir!

LE COLONEL.

Peut-être exaucera-t-il vos vœux!... Adieu, ma petite Victoire. Je vais jusqu'à la maison du commandant, et je m'informerai chemin faisant des nouvelles de Jaffa.

(Le colonel sort.)

SCÈNE V.

VICTOIRE, seule.

Moi, quitter l'armée! allons donc; que diraient les compagnons de mon père?... et ce pauvre Fifi Lecoq, que nous aimons déja comme notre frère!... Oh non, non, je veux rester au régiment. Je suis certaine que Tapin ne voudra pas non plus abandonner nos drapeaux, et qu'il rejettera comme moi la proposition du colonel!

(On entend des cris au dehors, et bientôt Fifi Lecoq paraît au fond et ferme la porte avec vitesse.)

SCÈNE VI.

VICTOIRE, FIFI.

FIFI, arrivant.

Oh! la, la, la, la! J' l'ai-t y échappé belle.

VICTOIRE.

Eh! mais qu'as-tu donc, mon pauvre Le-coq?

FIFI.

Ouf...

VICTOIRE.

Es-tu fou, ou bien te serait-il tombé sur le corps un escadron de Mameloucks?

FIFI.

Ah! c'est que j'viens d'avoir une fière peur, va.

VICTOIRE.

Et tu t'en vantes?...

FIFI.

D'abord j'm'en vante pas. Mais vois-tu, ma pauv' Victoire, c'est pas des hommes qui m'a fait peur: les Mameloucks, les Turcs, les Arabes, tous ces Chinois-là, c'est pas capable de m'faire ensauver.

VICTOIRE.

Eh bien donc?...

FIFI.

C'est des *cocodriles*, Victoire, c'est des *cocodriles*.

VICTOIRE, riant.

Des crocodiles!...Ah! ah! je ne m'attendais pas à celle-là.

FIFI.

Ça te fait rire ça, toi? eh bien, moi, ça ne m'a pas fait rire du tout; tu ne sais donc pas que le *cocodrile* est un *insèxe* des plus dangereuses.

VICTOIRE.

Tu en as donc vu?

FIFI.

Comme j'te vois sans comparaison. Figure-toi que le colonel vient de m' donner une commission, et fallait pour ça passer sur le bord du Nil. J'allais bien tranquillement, lorsque tout d'un coup j'entends du bruit dans le jonc! J'tire mon briquet! Vlà-t'y pas que j'aperçois un grand scélérat d'lézard couvert d'écailles qui veut s'élancer sur moi avec des yeux d'rhinocéros, et en allongeant des dents longues comme des baïonnettes ! Je-n' fais ni une ni deux, j'y crève un œil avec mon briquet, et j'm'en sauve, oh, mais d'une force... enfin comme tu as vu!... Chien d'pays, va, oùs qui'y a des lézards aussi gros que ça. Oh, y ne sont pas aussi forts que ça dans la Normandie les lézards.

VICTOIRE.

De sorte que tu as eu peur? Je crois en effet que si tu ne t'étais pas sauvé, ce serait fini de toi maintenant.

FIFI.

Tu crois?... Quelle scélératesse, et qui a pu leux y donner une éducation comme ça?

VICTOIRE.

A ces petits inconvénients près, il faut convenir que c'est un fameux pays que celui-ci, n'est-ce pas ?

FIFI.

Oui, un pays qui ne produit que des *esquelettes*, du sable jusqu'aux *z'anches*. Pas seulement une petite guinguette pour se rafraîchir la fourchette de l'estomac quand on a soif, et tout ça parçe qu'un certain M. Mahomet leux y défend de boire du vin !... Et les habitants donc? Des gens qui se roulent des serviettes autour de la tête en manière de casquette, et pas un seul qui parle français! J'commence à voir qu' je m' trompais fièrement en disant que j'étais ici comme le poisson dans l'eau.

VICTOIRE.

Laisse-donc, le bon temps reviendra.

FIFI.

Oui, quand je reverrai mon doux Falaise et que je boirai le cidre de ma tante !

VICTOIRE.

Tu voudrais donc bien retourner en France?

FIFI.

N'm'en parle pas, ça m'fait de la peine, rien qu'en pensant qui faut faire près de 800 lieues pour ça.

VICTOIRE.

C'est une bagatelle !...

FIFI.

Dis donc, en parlant de retourner en France, et c'pauvre Lagrenade ?...

VICTOIRE.

Nous n'en avons pas de nouvelles.

FIFI.

L'cher homme est toujours à Jaffa?

VICTOIRE.

Nous le pensons.

FIFI.

Il aura bien du bonheur, s'il en réchappe.

VICTOIRE.

C'est ce qui me fait trembler.

FIFI, montant la scène.

J'crois qu' j'aperçois Tapin.

VICTOIRE.

Mon frère!... il nous apprendra peut-être...

SCÈNE VII.

LES MÊMES, TAPIN.

FIFI.

Bonjour, Tapin !

TAPIN.

Bonjour, Fifi; bonjour, ma sœur.

VICTOIRE.

Eh bien, quelles nouvelles ?

TAPIN, pleurant.

Nous sommes seuls maintenant, nous n'avous plus personne sur la terre qui puisse nous servir d'appui.

VICTOIRE,

Frère, que veux-tu dire ?

TAPIN.

L'affreuse vérité ! Oui, ma pauvre sœur, notre père est mort.

VICTOIRE, pleurant.

Il est mort !

TAPIN.

Un grenadier qui arrive de Jaffa m'a assuré l'avoir vu au nombre de ceux qu'on abandonnait, et pour qui les secours étaient inutiles.

VICTOIRE.

Il y a long-temps que ce soldat a quitté la ville ?

TAPIN.

Deux mois environ ! Obligé de faire quarantaine pour parvenir ici, c'est ce qui a causé la longueur de son voyage.

VICTOIRE.

Oh mon Dieu !

TAPIN.

Que veux-tu, ma pauvre sœur ! Notre brave

père a payé sa dette à la France; il laisse à ses enfants pour héritage un nom sans tache, l'estime de toute l'armée, et le titre si beau, si glorieux de soldat français; il y a bien des gens qui ne sont pas si riches en mourant.

VICTOIRE.

Encore... s'il était mort sur le champ de bataille.

FIFI.

C'est pas l'embarras, c'est vexant de s'voir mourir comme ça dans une ambulance; à sa place je n'm'en consolerais jamais.

TAPIN.

Tu ne sais pas tout, ma sœur?

FIFI.

Est-ce qui lui serait arrivé pis que ça?

TAPIN.

On vient de me dire que mon père a écrit au capitaine de nous renvoyer en France, à notre tante Madeleine, parce que je n'ai pas l'âge pour servir, et que tu es trop jeune...

VICTOIRE.

Trop jeune!...

TAPIN.

Il craint pour nous, dit-on, les dangers de la guerre.

FIFI, à part.

Et p'tête ben les *cocodriles.*

TAPIN.

Est-ce malheureux, moi qui dans 4 à 5 ans pouvais passer soldat?

VICTOIRE.

Oh toi, tu peux être soldat en Normandie comme en Égypte. Mais moi, dès que je serai chez ma tante, il n'y aura plus moyen de verser à boire aux compagnons d'armes de mon père; avec ça que je la connais, elle me traitera fort mal; car tu sais qu'elle n'aimait pas beaucoup notre père...

TAPIN.

Que veux-tu, ma sœur, il faudra bien nous soumettre, si c'est la dernière volonté de l'auteur de nos jours. Mais on m'a assuré que mon colonel devait avoir reçu la lettre de notre père, il faut l'aller trouver.

VICTOIRE.

Tu as raison!...

TAPIN.

Nous verrons si ce que l'on m'a dit de vive voix est vrai...

FIFI.

C'est ça.

TAPIN.

Autrement, je jouerai du briquet avec celui qui se serait permis de me causer tant de peine!

FIFI, avec emphase.

Sans compter que je t'offre la participation du mien, Tapin; car quiconque aurait zété susceptible de vous causer à tous deux une douleur aussi pernicieuse que désagréable pour un motif d'amusement momentané, celui-là aurait affaire à Fifi Lecoq, et je lui couperais subitement la figure en zigzag, sans miséricorde, comme à ce grand coquin de lézard qui m'a fait si peur il n'y a qu'un instant!

TAPIN.

Je te remercie, mon bon ami.

FIFI.

Ah dam, c'est que j'vous aime comme si vous étiez mon frère et ma sœur, et j'voudrais pas vous voir faire tant seulement une égratignure.

VICTOIRE.

Cher Lecoq, tu comprends bien notre peine, toi qui as perdu ton père aussi...

FIFI.

Oh oui, l'pauvre cher homme, les larmes m'en viennent aux yeux chaque fois que j'y pense!... Ça fait que nous v'là tous les trois orphelins?...

VICTOIRE, avec un soupir.

Orphelins !...

TAPIN.

Ne le croyez pas, mes amis! Il nous reste encore une mère qui ne nous abandonnera pas.

FIFI.

Laquelle donc ?...

TAPIN.

La patrie !...

FIFI.

T'as ma foi raison ? Eh bien : Vive la patrie !...

VICTOIRE.

Chut ! voici notre colonel.

SCÈNE VIII.

LES MÊMES, LE COLONEL.

LE COLONEL.

Mes enfants, je vous trouve à propos...

VICTOIRE.

Colonel, nous sommes impatients de con-
naître...

TAPIN.

Quelles nouvelles ?...

LE COLONEL.

Mes petits amis !... il faut du courage.

TAPIN et VICTOIRE.

Nous en avons.

LE COLONEL.

J'aurais encore attendu pour vous apprendre la fâcheuse nouvelle que j'ai à vous annoncer, s'il me restait plus de temps, mais je pars
ce soir ; en voici l'ordre, et je vous avertis que
vous retournez en France avec moi !...

VICTOIRE.

Oh non, cela ne se peut !

TAPIN , pleurant.

Et qui est-ce qui prouve qu'il a dit cela notre père. Peut-être est-ce un moyen qu'on prend pour nous renvoyer de l'armée; mais j'irai me mettre au milieu des anciens camarades du brave Lagrenade, et nous verrons si l'on osera venir me chercher au milieu de ces vieux soldats.

VICTOIRE.

Tu as raison, mon frère !

LE COLONEL.

Calmez-vous, mes enfants, lisez cette lettre, elle vous apprendra tout.

VICTOIRE , saisissant la lettre.

Une lettre de mon père. (Elle la baise.) Oh, oui, c'est bien son écriture !...

FIFI, à part.

Elle sent joliment le vinaigre, la lettre du défunt.

VICTOIRE, la décachetant.

Voyons !...

« M. le capitaine.

« Pardon , si je vous interromps dans vos « occupations, attendu que la présente lettre « vous arrivera sans doute avec mon extrait

« mortuaire, car en ce moment je vais pro-
« bablement faire ma dernière étape.

FIFI.

Il appelle ça une étape, il est bon enfant le
père Lagrenade.

VICTOIRE, continuant.

« Je n'ai qu'un regret, mon capitaine, c'est
« de ne pas mourir d'un boulet de canon : mais
« enfin, il faut me résigner. Ne pouvant em-
« brasser mes enfants avant de mourir, je vous
« écris, mon capitaine, pour les mettre sous
« votre protection, et vous demander en grace
« de les faire partir pour la France par la pre-
« mière occasion. Qu'ils restent toujours unis;
« je les embrasse pour la dernière fois peut-
« être. Veuillez exaucer la prière d'un vieux
« grenadier qui méritait un autre sort.

« Signé LAGRENADE.

« Jaffa, ce 5 thermidor an VII. »

TAPIN, réfléchissant.

Il y a deux mois et demi que cette lettre
est écrite !

VICTOIRE.

Mon pauvre père !...

TAPIN.

Lui qui nous aimait tant!

LE COLONEL.

Allons, mes enfants, du courage; vous voyez que vous ne pouvez résister à ses volontés.

VICTOIRE.

Oh! oui, monsieur, nous partirons; c'est un devoir sacré.

LE COLONEL.

Allons, allons, mes enfants, j'ai formé pour vous des projets... Vous verrez... Je veux m'acquitter envers votre père, en le remplaçant auprès de vous... Mais il faut partir.

VICTOIRE ET TAPIN.

Partir!...

FIFI.

Ah çà, et moi donc, mon colonel, est-ce que je resterai ici?

LE COLONEL.

Mon cher Lecoq, je suis forcé de te laisser encore.

FIFI, désolé.

Oh! mon Dieu!

LE COLONEL.

Est-ce que, par hasard, tu voudrais que je t'adoptasse aussi?

FIFI.

Dam, mon colonel...

LE COLONEL, riant.

Mais je ne puis adopter toute l'armée.

FIFI.

Ça vous ferait pourtant une jolie famille, mon colonel.

LE COLONEL.

C'est vrai.

FIFI.

Oh! mais je vous en supplie, mon colonel, tâchez d'obtenir de mon général que je puisse m'en aller avec vous, car ça me ferait trop de peine de voir partir Victoire et Tapin, que j'aime tant, et moi rester seul dans ce vilain pays?

LE COLONEL.

Ah! tu les aimes donc aussi?

FIFI.

Je vous en réponds!

LE COLONEL.

Comment, une si grande amitié, depuis si peu de temps que vous vous connaissez?

FIFI.

Tout ce qu'il y a de plus grand, mon colonel, comme une pyramide.

LE COLONEL.

Et vous, mes enfants?

TAPIN.

Oh! nous aimons Lecoq de tout notre cœur; n'est-ce pas, Victoire?

VICTOIRE.

Oh! oui.

LE COLONEL.

Eh bien, je promets de parler au général, et je suis certain qu'il ne me refusera pas.

FIFI.

Ah! mon colonel.

LE COLONEL.

Pauvre garçon!

FIFI, à Tapin et à Victoire.

Nous ne nous quitterons plus!

TAPIN.

Le même malheur nous rassemble, nous le supporterons tous trois.

LE COLONEL.

La sympathie unit vos cœurs, vous serez heureux, mes enfants. Allons préparer tout ce qu'il faut pour notre voyage.

FIFI.

C'est ça, et surtout, mon colonel, n'oubliez pas de parler au général.

(Ils remontent la scène comme pour sortir, lorsqu'une voix se fait entendre dehors, et les noms de Tapin et de Victoire sont répétés plusieurs fois.)

TAPIN, à Victoire.

Entends-tu?

VICTOIRE.

Oh! mon Dieu.

TAPIN.

Quelle voix!

VICTOIRE.

C'est lui!...

LE COLONEL.

Qui?...

TAPIN.

Notre père!...

LE COLONEL.

Lagrenade!...

FIFI.

En v'là une bonne, par exemple !
(Pendant cette petite scène, qui a dû se débiter très-vite,
Lagrenade est arrivé, en effet, à la porte du fond, et
l'ouvre.)

SCÈNE IX.

LES MÊMES, LAGRENADE.

LAGRENADE.

Victoire, Tapin, mes enfants !...

TAPIN ET VICTOIRE.

Mon père !...

LAGRENADE, embrassant ses enfants.

Ah ! que je vous embrasse.

TAPIN.

Quoi, c'est vous !

VICTOIRE.

Est-ce possible ?...

FIFI.

J'n'en reviens pas, moi !

LE COLONEL.

Quoi, c'est vous ! mon pauvre Lagrenade ?
Par quel miracle ?...

Les enfants de troupe *(Scène IX)*

LAGRENADE.

Oui, colonel, vous avez raison, c'est un miracle si j'ai pu échapper au cruel fléau qui ravage en ce moment notre régiment. Lorsque j'écrivis la lettre que vous avez reçue, j'avais peu d'espoir de revoir jamais mes pauvres enfants, et mon cœur en souffrait cruellement. Mais un tempérament robuste et un courage à l'épreuve ont fait plus que les remèdes de l'art, et quelques jours après que j'eus annoncé au capitaine mes dernières volontés, on déclara que je pouvais concevoir quelque espérance! Dès lors je sentis renaître mes forces, je n'eus plus qu'une seule pensée, celle de conserver un père à ses enfants; et au bout de trois semaines j'entendis avec une joie inexprimable le médecin me dire que j'étais hors de danger, et que je pouvais sortir de l'hôpital!... Ah! colonel, vous ne pouvez vous faire une idée du bonheur que j'éprouvai à cette nouvelle!... Moi, qui croyais avoir tout perdu; moi, qui avais dit pour toujours adieu à ces pauvres enfants!... moi, qui étais peut-être le seul qui se soit sauvé d'une mort certaine, renaître tout-à-coup comme par miracle!... Ah, je pleurais alors, mais c'était d'ivresse, de contentement, car j'allais jouir d'une félicité parfaite, celle d'embrasser deux malheureux, qui croyaient avoir perdu leur père.

TAPIN et VICTOIRE.

Oh, mon père !... mon père !... que je vous embrasse.

LAGRENADE.

Chers enfants !

Il les embrasse.

FIFI.

J'pleure aussi!...

LAGRENADE.

Voilà un jeune conscrit qui ne m'est pas inconnu.

FIFI.

Vous me reconnaissez, M. Lagrenade?

LAGRENADE.

Je crois me rappeler....

TAPIN.

Oui, mon père, c'est Fifi Lecoq....

VICTOIRE.

Notre ami !... n'est-ce pas, Fifi?

FIFI.

Oh ça c'est bien vrai que je suis votre ami, et pour la vie encore...

LAGRENADE.

Vous avez un bon cœur, je vois avec plaisir mes enfants former avec vous une liaison que le colonel semble ne pas désapprouver, et c'est ce qui me dit qu'ils ont bien placé leur amitié.

FIFI.

Oh dam je n'suis pas méchant....

LAGRENADE, riant.

Ce cher garçon !...

LE COLONEL.

Brave Lagrenade, je remercie le ciel de vous avoir conservé à mon amitié...

LAGRENADE.

Vous êtes trop bon, mon colonel.

FIFI, à Tapin et à Victoire.

De c'te façon vous ne partez plus ?...

LAGRENADE.

Vous retourniez donc en France ?

TAPIN.

Nous croyions exécuter vos dernières volontés.

VICTOIRE.

Et monsieur nous emmenait!

LE COLONEL.

Oui, mon ami, j'acquittais ma dette, car je n'oublierai de ma vie.....

LAGRENADE.

Colonel, ne parlez jamais de cela, je vous en prie!... Eh bien, mes enfants, nous retournerons tous dans notre belle patrie; j'ai obtenu cette faveur du général en chef.

TAPIN et VICTOIRE.

Ce jour va combler notre bonheur!

FIFI.

J'suis joliment content moi! J'avais peur que vous *restissiez* dans c'méchant pays, ous qu'on ne peut mourir que de la peste ou d'la main des *cocodriles*.

LE COLONEL.

Puisqu'il en est ainsi, je vais chez le général solliciter la permission d'emmener Lecoq, ensuite nous ferons porter nos malles au bâtiment.

LAGRENADE.

C'est cela!... et puis en route.

TAPIN.

Avant de partir, il faut remplir un devoir sacré. Ma sœur, remercions le ciel de nous avoir conservé notre père, et prions-le de nous donner sa bénédiction.

LE COLONEL, à part.

Que je plains ceux qui ne connaissent pas le prix de tant de piété filiale.

LAGRENADE.

Chers enfants!... je vais jouir au moins des douceurs que votre amour filial me prépare!

VICTOIRE.

Nous ne cesserons de vous le témoigner.

TAPIN.

Chaque instant de ma vie sera consacré à rendre la vôtre moins pénible!

FIFI.

Et moi je tâcherai de faire mon possible pour vous être utile et agréable aussi, entendez-vous, M. Lagrenade?

LAGRENADE.

Merci, merci, mes chers enfants!... je n'y puis tenir, mes larmes coulent,... ah, que je vous embrasse.... oui.... oui... venez sur mon cœur et crions ensemble : Vive la France !

TOUS.

Vive la France!...

FIN DES ENFANTS DE TROUPE.

Les Deux Fils.

COMÉDIE EN UN ACTE,

TIRÉE DU RECUEIL DES PROVERBES FRANÇAIS,

ET SUIVIE

D'UN ÉPILOGUE.

PERSONNAGES.

MADAME DALVILLE, veuve.

LÉON,
HENRI, } ses deux fils.

CATHERINE, paysanne.

JUSTIN,
NICAISE, } ses deux fils.

Les deux fils. *(Scène III)*

𝕷𝖊𝖘 𝕯𝖊𝖚𝖝 𝕱𝖎𝖑𝖘.

Le théâtre représente un salon.

SCÈNE PREMIÈRE.

Madame DALVILLE, HENRI.

(Madame Dalville traverse le théâtre pour sortir, au moment où Henri le traverse du côté opposé. Ils s'arrêtent tous deux.)

MADAME DALVILLE.

Te voilà, Henri; où est ton frère?

HENRI.

Il est dans le jardin, où je crois qu'il s'amuse à faire des armes.

MADAME DALVILLE.

La belle occupation ! Ton frère est bien étourdi, mon cher Henri, et pourtant il n'est plus un enfant, et il me déplaît fort de le voir ainsi s'amuser de choses qui ne peuvent que lui

devenir nuisibles. Oh! toi, mon Henri, c'est dif-
férent, je suis bien plus contente de toi; quoique tu ne sois que le cadet, tu montres plus de
raison que lui. Que faisais-tu là-haut ?

HENRI.

Ma bonne mère, je repassais ma leçon de
grammaire, parce que M. Férule, mon maître,
m'a dit qu'il ne pouvait pas venir aujourd'hui.

MADAME DALVILLE.

A la bonne heure, voilà ce que j'aime. Je
sors quelques instants, entends-tu, mon Henri?
lorsque ton frère rentrera, je te charge de lui
témoigner mon mécontentement. Je veux que
tu lui donnes des leçons; et comme tu as plus
de raison que lui, j'entends qu'il ait des égards
pour toi, qu'il t'écoute avec docilité. Dis-lui
cela de ma part, entends-tu ?...

HENRI.

Cependant, ma mère, je suis plus jeune.....

MADAME DALVILLE.

Je le veux ainsi...

HENRI.

Je vous obéirai, maman.

(Madame Dalville sort après avoir embrassé Henri.)

SCÈNE II.

HENRI, seul.

(Dès que sa mère est sortie, Henri se regarde dans la
glace, et se donne des airs.)

Ah, ah! mon petit Léon, je vais bien ra-
battre votre caquet. Vous êtes mon aîné, c'est
vrai; mais il faudra pourtant bien que vous
m'obéissiez actuellement. Oui, oui, que vous
m'obéissiez. Ma mère n'a-t-elle pas raison?...
Aussi, n'est-il pas étrange que ce soit l'âge qui
établisse la subordination, comme si, quoique
plus jeune, on ne pouvait pas être le plus
raisonnable? Moi, par exemple, ne suis-je pas
fait pour commander à M. Léon?... un étourdi
comme cela, qui n'étudie rien, et qui prend
plaisir à faire des armes, à monter à cheval,
plutôt qu'à faire un thème ou une version, et
qui est assez simple pour donner son peu d'é-
pargnes au premier venu, plutôt que d'en ache-
ter un habit ou un chapeau dans le dernier
goût... Oh! cela n'a pas le sens commun.

SCÈNE III.

HENRI, LÉON.

LÉON, son fusil à la main.

Ah! le beau coup!... Trois fois j'ai frappé au même point... Dis donc, Henri... ah! si tu avais vu, mon ami. Tiens... Pan!... pan!... pan!... et zest, ce fut fait.

HENRI, qui a eu peur.

Oh! oui, cela est superbe, ma foi!

LÉON.

Sans doute, jamais je n'avais été si heureux!... quel bonheur!...

HENRI.

Oui, il y a de quoi!... Voilà une belle occupation pour un jeune homme de votre âge.

LÉON.

Qui te dit que ce soit une occupation?... du tout, c'est un amusement...

HENRI.

Eh bien! soit... Voilà un amusement d'une

belle espèce, et qui te fera bien de l'honneur dans le monde.

LÉON.

Sans doute. Et pourquoi pas?... nomme-moi un jeune homme de bonne maison qui n'ait pas brûlé une amorce, qui n'ait jamais monté à cheval?... avec cela que je veux être soldat.

HENRI.

Tu as un goût vraiment distingué.

LÉON.

Je le pense du moins... Et puis, veux-tu que je te dise? j'aime la liberté, moi, surtout dans mes divertissements ; qu'ai-je affaire d'un M. Férule, au ton sec et dur, qui vient d'un air de pédant m'apprendre à me divertir et qui ne parvient qu'à m'ennuyer?

HENRI.

Quelle petitesse d'idées !

LÉON.

Que veux-tu ? ce sont les miennes. Je me plais singulièrement dans notre jardin, j'y respire un air de liberté qui m'enchante. Là... je cours, je fais des armes, j'ajuste un point

que je manque rarement ; je m'occupe quelquefois même à cultiver des fleurs; ces amu-
sements, s'ils n'ont pas le brillant des tiens ,
sont du moins fort innocents.

HENRI.

C'est très-bien ; mais ma mère, qui n'a pas
le goût rustique comme toi, est fort mécon-
tente, et tu devrais pour la satisfaire...

LÉON.

Oui, je voudrais de tout mon cœur que l'é-
tude fût plus de mon goût ; mais..... A propos,
que je t'apprenne une nouvelle.

HENRI.

Comment donc ?...

LÉON.

Mais une nouvelle qui te fera sans doute
grand plaisir ?

HENRI.

Enfin... Dis donc vite...

LÉON.

Devine...

HENRI.

Oh ! je ne sais pas deviner, et tu m'impa-
tientes.

LÉON.

Notre bonne mère nourrice est arrivée.

HENRI, riant.

Ah! mon Dieu, et voilà ta nouvelle?

LÉON.

Mais oui...

HENRI.

C'est là cette bonne nouvelle, cette grande nouvelle?

LÉON.

Est-ce qu'elle ne te fait pas plaisir?

HENRI.

Ni plaisir ni peine; je crois que je ne suis pas fait pour m'occuper beaucoup de ces gens-là.

LÉON.

Pourtant, elle est ta nourrice aussi bien que la mienne.

HENRI.

Sans doute.

LÉON.

Elle a amené nos deux frères de lait, Justin et Nicaise.

HENRI.

Que m'importe à moi?

LÉON.

Quelle froideur!... Il me semble que la reconnaissance...

HENRI.

Point de leçon, s'il vous plaît, monsieur;
c'est à moi de vous en donner. Songez seulement à vous comporter avec plus de retenue
qu'à votre ordinaire.

LÉON, éclatant de rire.

Ah! ah! ah! (Le contrefaisant.) Songez seulement à vous comporter avec plus de retenue.
Ah! ah! ah!... Tu badines, n'est-ce pas?

HENRI.

Point du tout... Demandez à ma mère; elle
sait combien j'ai plus de raison que vous, elle
m'a chargé de vous commander, entendez-vous?
ainsi prenez garde de vous compromettre dans
l'accueil que vous ferez à votre nourrice.

LÉON.

Bah!... comme je me moque de tes or-
dres.. Tu me fais bien rire.
(Il sort en courant.) Au revoir... monsieur
Henri. Ah! ah! ah!...

SCÈNE IV.

HENRI, seul.

Il se moque de moi, je crois!... Ah, maman
le saura, et j'en aurai raison. Mais bien, voici
la nourrice, il ne l'aura sans doute pas ren-
contrée.

SCÈNE V.

HENRI, CATHERINE, JUSTIN, NICAISE.

CATHERINE, à Henri.

Eh! bonjour, m'nenfant, mon pauv' Henri;
comme te v'là brave et biau garçon!

HENRI, sans la regarder.

Ah! bonjour, ma bonne.

CATHERINE.

Comme ça est d'venu grand et gentil, moi
qui ai vu ça si petit!

HENRI, à part.

Ça...! ça...!

CATHERINE.

Mon Dieu, embrasse-moi donc, m'nenfant,
je pleure de joie.

HENRI, se laissant embrasser.

Plus doucement, s'il vous plaît, vous me
faites mal.

CATHERINE.

Tiens, comme t'es devenu délicat et indif-
férent d'puis que tu n'es plus au village : ah!
dam, c'est que cheu nous, vois-tu, on t'aime
toujours bien...

HENRI.

Tant mieux.

CATHERINE.

Tiens, v'là ton frère Justin qu'est si content
de te voir... il est aussi grand que toi, mais y
n'est pas aussi brave. Avance donc, Justin ; te
v'là comme une bûche devant c'jeune homme.

JUSTIN.

Dam, ma mère, j'sommes honteux...

HENRI.

Il a raison, nourrice ; vous êtes trop fami-
lière, vous.

CATHERINE.

Comment ! est-ce que tu ne le reconnais

plus ? C'est ton frère Justin, l'petit blondin.
J'vous baillais mon lait dans le même temps ;
aussi vous vous aimiez, vous vous embrassiez...
(A Justin.) Allons donc, nigaud, approche,
approche donc...

JUSTIN, s'avançant, à Henri.

Si vous vouliez permettre....

HENRI.

Doucement, doucement donc, vous chiffon-
nez mon jabot...

JUSTIN.

Excusez, monsieur Henri. Je n'savais pas
qu'il fallait tant d'cérémonie pour vous embrasser.

CATHERINE.

Je vois c'que c'est ; c'est not' pauvreté qui
ly fait honte, et notre amitié qui ly fait dés-
honneur.

JUSTIN.

Est-ce que je n'avons pas d'honneur tout
aussi bien que les gens d'la ville, quoique
j'soyons pauvres ?

NICAISE.

J'gagerais, moi, que monsieur Léon a meilleur cœur que celui-là.

CATHERINE.

Eh ben! tu perdrais, m'nenfant, va, j'parie-
rais, moi, que c'est la même chose. Est-ce que
ce monsieur Henri ne nous baillait pas assez
d'signifiance d'amitié? Tant que je les avons
au village, vois-tu, y sont doux, y nous font
mille amitiés, mille caresses : maman nourrice
par-ci, maman nourrice par-là, oh! je vous
aimons tant, j'aurons tant de soin de vous...
vous ne manquerez jamais ; mais à la ville
c'est pus ça ; y deviennent fiers, ingrats, et
l'pauv' paysan qui les a élevés n'est pus à leurs
yeux qu'un étranger, qui faut chasser quand
y les ennuie.

HENRI.

Ma bonne, finissez vos propos, s'il vous plaît.
Si j'ai été nourri chez vous, on vous a bien
payée sans doute, et vous n'avez rien à dire.

CATHERINE.

C'est vrai, madame Dalville m'a toujours
bien aidée, et j'aurions tort de nous plaindre
d'elle ; mais vous, que j'ons nourri, que j'ons
soigné comme notre enfant, à qui j'avons donné
not' affection, comme à eux... nous voir aussi
rebutée... c'est bien dur au moins, monsieur

Henri, et il n'y a qu'un mauvais cœur qui soit
capable d'une pareille action...

HENRI.

Mais, ma bonne...

SCÈNE VI.

LES MÊMES, LÉON.

LÉON, accourant.

Eh! vous voilà, maman nourrice... Parbleu,
il y a une heure que je vous cherche.

JUSTIN, à Nicaise.

Tiens, y nous cherche celui-là !

CATHERINE.

Bonjour, monsieur Léon.

LÉON.

Comment, monsieur!.. je veux que vous disiez Léon tout court, entendez-vous? Ah! et
voilà Justin, Nicaise; comment vous portez-
vous?

NICAISE.

Ben de l'honneur à nous, monsieur Léon.

LÉON.

Encore, monsieur?... Ah çà, pourquoi ne

m'appelles-tu pas ton frère, est-ce que je ne le suis plus?... Mais, tu pleures, je crois; qu'as-tu donc?

NICAISE.

C'est ma mère qui a du chagrin.

LÉON.

Mais oui, vous pleurez aussi, maman nourrice, et toi aussi, mon pauvre Justin; qu'est-ce que tout cela signifie donc?... Le papa nourricier serait-il malade?

CATHERINE.

Non, Dieu merci, monsieur Léon.

LÉON.

Oh, pour le coup, vous m'impatientez avec vos révérences et vos monsieur Léon; maman nourrice, je me rappelle toujours avec reconnaissance les soins que vous avez pris de mon enfance... mais...

NICAISE, à Catherine.

Eh ben! quand je vous le disais, ma mère, qu'il avait meilleur cœur que l'autre...

LÉON.

Et toi, mon petit Nicaise, je t'aime toujours de tout mon cœur au moins.

NICAISE.

Bien obligé, mon frère; non, non ! monsieur
Léon.

LÉON.

Ah çà, finirez-vous ? ou bien je vais me fâ-
cher tout-à-fait d'abord.

CATHERINE.

Dam, je parlons comme on nous l'a com-
mandé; à c'theure que vous êtes de biaux
mosieux, je ne sommes pas dignes d'vot amitié...

LÉON.

Voilà de bien sots propos, ce n'est pas moi
qui les tiens, maman nourrice; allez, je vous
serai attaché toute ma vie, et je n'oublierai
jamais que je dois à vos soins ce qui en fait
le bonheur.

CATHERINE.

Le digne enfant!... V'là parler, à la bonne
heure, v'là qui est un bel exemple pour les enfants fiers et ingrats qui vous méconnaissont
(en jetant un regard sur Henri). Ceux-là seront ré-
compensés comme ils le méritent.

HENRI.

Oh! je n'y puis tenir davantage.

Il sort.

SCÈNE VII.

LÉON, CATHERINE, NICAISE, JUSTIN.

LÉON.

Tiens!... comme il se sauve!... Ah, ma foi, il a bien fait. Dites-donc, maman nourrice, je vous attendais avec impatience...... (*Tirant une boîte de sa poche.*) Tenez, voilà pour vous (*il lui donne un petit paquet.*) C'est un mouchoir de cou et un bonnet de dentelle que je vous garde depuis long-temps.

CATHERINE.

Ah! mon pauvre ami, que je t'embrasse.

Il l'embrasse.

LÉON.

Toi, Nicaise, voilà une montre d'argent que je veux que tu portes toujours; chaque heure, chaque minute te fera penser à moi...

NICAISE.

Oh! je n'avons pas besoin de pendule pour

vous aimer de tout mon cœur.... monsieur
Léon.

LÉON.

Encore monsieur Léon! ah! par exemple tu
n'auras pas la montre si tu ne m'appelles pas
ton bon ami et ton frère.

NICAISE.

Dam, je n'osons point.

LÉON.

Je le veux, moi...

NICAISE.

Eh ben ! mon frère, je vous remercions.

LÉON.

Allons, embrasse-moi. (Ils s'embrassent.) Et
toi, mon pauvre Justin, il faut que je te trouve
aussi quelque chose. Ah, tiens, voilà une paire
de boucles d'argent. Dam, je ne peux pas te
donner davantage actuellement.

JUSTIN.

Ah, monsieur Léon, c'est toujours plus....
et je ne méritons pas...

LÉON.

Allons, prends-donc.

JUSTIN.

Grand merci, monsieur Léon.

CATHERINE.

Oh! pour le coup je n'y tenons plus... A la
bonne heure, v'là un cœur ça, auprès de l'autre; je sommes bien consolée du chagrin qu'il
nous a donné.

LÉON.

Comment donc?

CATHERINE.

Ton frère, m'nenfant, qui ne te vaut pas,
faut voir; si tu savais comme y nous a reçus,
en faisant le monsieur; comme y nous a re-
butés quand j'avons voulu l'y faire amitié!
Tiens, j'en suis encore toute je ne sais comment, et ce pauv' Justin ne peut pas s'en remettre.

LÉON.

Allez, allez, mère nourrice, il ne faut pas
prendre garde à cela. Est-ce que je ne suis
pas là, moi? Ne vous inquiétez pas, je vous
aimerai pour deux, je serai aussi le frère de
Justin; ainsi, vous ne perdrez rien.

CATHERINE.

V'là un enfant qu'a un bon cœur, ça réjouit
quoi!

SCÈNE VIII.

LES MÊMES, MADAME DALVILLE.

MADAME DALVILLE, à Léon.

Eh bien ! monsieur, avez-vous assez couru, avez-vous assez fait d'armes ? vous faites un bruit dont tout le monde se plaint ; il faut enfin que cela cesse... Ah, ah ! vous voilà, Catherine, bonjour.

CATHERINE.

J'sis vot servante, madame Dalville.

MADAME DALVILLE.

Voilà, je crois, vos enfants, les frères de mes deux fils... comme ils sont grands , cela doit vous faire plaisir à voir, nourrice?

CATHERINE.

Dam , madame, ça m'est itou bien agréable.

MADAME DALVILLE.

Ont-ils vu leurs frères, car c'est ainsi que je veux qu'ils appellent mes fils ? Sans doute que mon Henri a été bien satisfait de vous voir?

CATHERINE.

Madame... je...

MADAME DALVILLE.

Qu'est-ce à dire, nourrice, vous n'avez point l'air content. Vous aurait-on mal reçue? Je voudrais bien savoir cela, par exemple. Monsieur Léon, vos inconséquences me prépareraient-elles quelque nouveau chagrin?

LÉON.

Moi, maman... Ma mère nourrice vous dira si je ne l'ai pas reçue avec plaisir.

MADAME DALVILLE.

Je le crois; mais cela ne suffit pas: peut-être lui aurez-vous dit quelque chose de désagréable, car vous êtes si vif... si turbulent.

CATHERINE.

Oh! madame, ben du contraire.

MADAME DALVILLE.

Mais comme je veux savoir ce qui vous chagrine, nourrice, peut-être n'aura-t-il pas fait d'amitiés à son frère? Oui, c'est cela sûrement; ces petits airs de grandeur ne me conviennent pas du tout, monsieur Léon. Imitez votre frère Henri!... Il est doux, sage, posé; il a l'ame sensible, reconnaissante, généreuse. Je suis sûre qu'il aura accablé ses frères de caresses et d'amitiés.

SCÈNE IX.

LES MÊMES, HENRI.

MADAME DALVILLE.

Eh bien! Henri, n'êtes-vous pas bien content de voir votre frère et votre nourrice?

HENRI.

Mais... oui... ma chère maman.

MADAME DALVILLE.

Je le disais bien que mon Henri était sensible et bien né. Mais que vois-je entre vos mains, Catherine? je gage que ce sont des présents de Henri: ah! que je suis contente de cette marque d'attention et de reconnaissance, les larmes m'en viennent aux yeux de satisfaction! (Elle embrasse Henri.) Ah! mon cher fils, tu feras la consolation de mes vieux jours ! et vous, Léon, profitez de ce bel exemple, si votre légèreté vous le permet.

CATHERINE.

Je vous fais excuse, not' dame, mais ce n'est point monsieur Henri qui m'a baillé ça, c'est monsieur Léon, et v'là itou ce qu'il a donné à ses deux frères.

MADAME DALVILLE.

Quoi! c'est vous, Léon? et vous ne m'en disiez rien.

LÉON.

Ma chère maman, je ne croyais pas que cela en valût la peine.

MADAME DALVILLE.

Et Henri !...

CATHERINE.

Oh! madame, je ne sommes pas dignes de l'approcher, ni de l'y parler. Il est trop grand monsieur!...

MADAME DALVILLE.

Serait-il vrai, Henri ?...

HENRI.

Ma chère maman, vous ne croyez pas...

MADAME DALVILLE.

Silence, monsieur!... Vous ne pouvez plus m'en imposer, les preuves vous confondent... Je me suis trompée, je le vois, sur votre caractère, et j'avais trop de confiance en vous. Rentrez, monsieur... et ne paraissez devant moi que lorsque vous vous serez repenti de

vos fautes, et que vous aurez changé de sentiments. Allez...

CATHERINE ET SES ENFANTS.

Ah! madame, pardon pour lui!

MADAME DALVILLE.

Du tout. Il faut une punition. On ne doit
jamais rougir de l'honnête indigence, surtout
quand on lui doit une partie de son existence.
(A Henri.) Sortez, monsieur.

HENRI, à sa mère.

Pardon! pardon!...

MADAME DALVILLE.

Sortez, vous dis-je...

Henri sort.

TOUS LES AUTRES à madame Dalville.

Ah, madame, voyez sa douleur, son re-
pentir.

MADAME DALVILLE.

Je verrai s'il est sincère.

LÉON.

Oh, maman, tu pardonneras, je le vois.

MADAME DALVILLE.

Mon cher Léon, je m'aperçois maintenant
que je me suis trompée sur vos caractères;
cela arrivera toujours à ceux qui, au lieu d'ap-

profondir les cœurs, ne s'arrêteront qu'à la superficie.

CATHERINE.

V'là qu'est bien parlé. Et puisque madame est assez bonne pour ne pas faire fi de pauvres gens comme nous, j'allons publier au village que malgré tout ce qu'on en dit, y a encore de braves gens parmi les riches, et qu'ils ne sont pas tous fiers et dédaigneux.

LÉON.

Vous venez d'en acquérir la preuve.

CATHERINE.

Et je ne l'oublierons pas.

FIN DES DEUX FILS.

Les Frères de lait.

ÉPILOGUE.

Un salon de madame Dalville.

SCÈNE PREMIÈRE.

MADAME DALVILLE, LÉON.

MADAME DALVILLE, à Léon qui entre.

Eh bien, Léon, vous êtes-vous amusé aujourd'hui ?

LÉON.

J'étais seul, le pouvais-je ?...

MADAME DALVILLE.

Et votre frère ?...

LÉON.

Mon frère ?...

MADAME DALVILLE.

Sans doute.

LÉON.

Ne savez-vous pas, maman, que Henri est à la chasse depuis ce matin ?

MADAME DALVILLE.

Je l'avais oublié.

LÉON.

Oh mon Dieu, depuis que Henri sait tenir un fusil, et que nous sommes à la campagne, il ne m'est plus possible de jouir de sa présence seulement une heure dans la journée.

MADAME DALVILLE.

Ce cher enfant est bien changé.

LÉON.

Il est vrai que depuis un an mon frère a fait des progrès.

MADAME DALVILLE.

Sage !...

LÉON.

Complaisant !...

MADAME DALVILLE.

Studieux !

LÉON.

Il le fut toujours.

MADAME DALVILLE.

Bienfaisant !...

LÉON.

Il est juste de dire encore que depuis la dernière visite de notre bonne nourrice il s'est sans cesse empressé de secourir tous les malheureux qu'il rencontra.

MADAME DALVILLE.

Enfin, mon cher Léon, ton frère a pris exemple sur toi, et je suis heureuse d'avoir deux enfants tels que vous.

LÉON.

Nous ne faisons que notre devoir en tendant la main au malheur, et en ne méprisant jamais ceux qui ont pris soin de notre enfance.

MADAME DALVILLE.

Tu as raison!... de tels sentiments méritent une récompense! Viens m'embrasser, mon ami.

(Elle l'embrasse.)

LÉON.

Bonne mère!

MADAME DALVILLE.

Il est tard! je commence à être inquiète! Que peut-il être arrivé à Henri?... Neuf heures, et pas encore ici...

LÉON.

Henri revient quelquefois plus tard; vous le savez?

MADAME DALVILLE.

Il est vrai! Mais, je ne sais : un pressentiment funeste me dit qu'un malheur le menace.

LÉON.

Oh, ma bonne mère! pourquoi vous créer
de semblables chimères? Henri va venir dis-
siper ces inquiétudes; mais jusqu'à son retour
soyez calme, je vous en supplie.

MADAME DALVILLE.

Bon fils!...

LÉON.

Je crois entendre quelqu'un; c'est lui, sans
doute?

MADAME DALVILLE.

Vois, mon ami.

LÉON.

C'est Henri!

MADAME DALVILLE.

Il n'est pas seul!

LÉON.

Justin l'accompagne.

MADAME DALVILLE.

Qu'est-ce que cela signifie?

LÉON, à part.

Que lui sera-t-il arrivé?

Les frères de lait. (Scène II.)

SCÈNE II.

LES MÊMES, JUSTIN, HENRI.

(On voit bientôt arriver Henri et Justin : celui-ci soutient Henri qui peut à peine marcher. Madame Dalville, voyant son fils blessé, court à lui et le couvre de baisers.)

HENRI.

Ma bonne mère !

LÉON.

Mon pauvre frère !

MADAME DALVILLE.

Mon fils ! mon cher fils !

HENRI.

Ne vous affligez pas, ma mère, ce n'est rien.

JUSTIN.

Oh mon Dieu non, madame, une égratignure, v'là tout.

MADAME DALVILLE.

Viens t'asseoir.

(On fait asseoir Henri ; madame Dalville se place près de lui.)

LÉON.

D'où vient cette blessure ?

HENRI.

Emporté par le plaisir de la chasse, je

m'étais engagé étourdiment à la poursuite d'un sanglier : j'étais près de l'atteindre, et je jouissais par avance de la joie que j'aurais à vous annoncer cette bonne nouvelle, lorsque l'animal furieux de se voir poursuivi depuis un quart d'heure au milieu du plus épais fourré du bois, revint tout à coup sur ses pas. Effrayé du danger que je courais, je voulus rétrograder, mais je ne le fis pas sans avoir déchargé mon arme sur l'animal, que j'atteignis à la tête. La rage du monstre fut à son comble, car il mourait; cependant il conserva assez de force pour venir jusqu'à moi, et pour me donner un coup de l'une de ses défenses; ce choc me fit perdre l'équilibre; mais je me relevai bientôt, et j'eus le plaisir de le voir expirer. Ce fut là que je rencontrai Justin, mon frère de lait. Me voyant fatigué et blessé, ce brave garçon me proposa de me reconduire jusqu'auprès de vous; j'acceptai avec reconnaissance son offre généreuse, et c'est appuyé sur le bras du pauvre garçon que le vainqueur du redoutable sanglier revient dans les bras de sa mère!

MADAME DALVILLE.

Comme tu parais fier de ta chasse!

HENRI.

Je le suis aussi... Et toi, Léon ?

LÉON.

Je vois que mon élève a su profiter de mes leçons.

HENRI.

L'élève aura bientôt surpassé le maître !... car tu négliges beaucoup la chasse, mon cher Léon... Serait-ce jalousie ?... Oh, si cela était, je ne chasserais plus.

LÉON.

Du tout, mon cher Henri ; du tout. Mais...

HENRI.

Mais, quoi ?

LÉON.

Je ne puis te le dire.

HENRI.

Eh bien, je veux savoir pourquoi maintenant.

LÉON.

Je ne puis, te dis-je...

MADAME DALVILLE.

Si je te priais de nous dire la cause de ce changement...

HENRI.

Oui, de ce changement : car tu m'accompagnais il y a quelque temps.

LÉON.

Et notre bonne mère restait seule !

MADAME DALVILLE.

Et c'était pour cela ?

LÉON.

Oui, ma bonne mère. Lorsque je me livrais seul à ce plaisir favori, Henri restait près de vous ; il vous accompagnait dans vos promenades. Aujourd'hui, c'est à son tour de chasser, c'est au mien de ne pas vous quitter.

MADAME DALVILLE.

Chers enfants !...

JUSTIN.

Monsieur Léon, vous n'êtes pas mon frère de lait, c'est vrai ; mais vous êtes si bon, que je vous aimons itou comme si vous l'étiez.

MADAME DALVILLE.

Mon cher Justin ! recevez mes remerciements !

HENRI.

Et les miens !

MADAME DALVILLE.

Ce que vous avez fait pour Henri ne s'effacera jamais de ma mémoire.

JUSTIN.

Ça n'en vaut pas la peine!

HENRI.

Que dis-tu là? Ta conduite envers moi me fait rougir de la mienne envers ta mère, il y a un an.

JUSTIN.

Allons, allons, monsieur Henri, ne parlons pas d'ça, j'n'y pensons plus.

MADAME DALVILLE.

Tu vois, mon enfant, que le pauvre peut souvent nous être utile; et dans quelque classe que le sort nous ait fait naître, n'oublions jamais que nous devons à l'artisan laborieux secours, estime et assistance!

HENRI.

Je ne l'oublierai pas.

SCÈNE III.

LES MÊMES, CATHERINE.

CATHERINE.

Qu'est-ce que j'venons d'apprendre? Not' fieu, monsieur Henri, a tué c't animal dont tout un chacun dans l'pays avait peur? V'là un' belle action!

MADAME DALVILLE.

Oui, ma bonne, c'est mon Henri....

CATHERINE.

Avec vot' permission, madame, je vais l'embrasser.

MADAME DALVILLE.

Chère Catherine, ne l'avez-vous pas élevé ?

(Catherine embrasse Henri.)

CATHERINE.

Tiens, te v'là ici, Justin ?

HENRI.

C'est lui qui m'a ramené ici ; car je suis blessé.

CATHERINE.

Justin, c'est bien, ça, m'n enfant ! c'est bien !
(A Henri.) Mais ça ne sera rien, pas vrai ?

HENRI.

Je l'espère !

CATHERINE.

En ce cas, réjouissons-nous. Tout le village
vient vous remercier du bon service que vous
l'y avez rendu, et vous amène le sanglier !
Allons le voir !

TOUS.

Allons !

FIN DE L'ÉPILOGUE.